내 주인의 정원

내 주인의 정원

좋은씨앗

이재욱

말씀의 씨앗이 우리 삶 속에 심기고, 뿌리 내리고, 싹을 틔우며, 열매 맺어 영적 필요를 채워주는 과정 하나하나에 관심이 아주 많은 주님의 심부름꾼. 유스코스타(Youth KOSTA) 강사이고 다방면의 강의와 집회로 섬기고 있다. 현재 서울 대방중앙교회 담임목사다. 주요 저서로는 「수련회 카운터펀치를 날리다」, 「중고등부, 2년 안에 성장할 수 있다」, 「교사를 다시 일으켜 세우는 5가지 힘」, 「KIWY 청소년 성경공부 시리즈」, 「부족해도 괜찮아」(2012 문서선교회 선정 올해의 도서) 등이 있다.

김찬우

그림을 통해 세상에 행복을 전하고 싶은 일러스트레이터. 그린 책으로는 「3호실의 죄수」, 「나와 다르지만 소중한 너」, 「민들레 꽃집이 된 밥솥」, 「투데이 컬러성경」, 「세밀화로 그린 보리 어린이 버섯 도감」, 「어시장」, 「한산모시」 등이 있다.

내가 있어야 할 그 자리 '내 주인의 정원'

내 주인의 정원

초판 1쇄 인쇄 | 2013년 1월 4일
초판 1쇄 발행 | 2013년 1월 25일

지은이 | 이재욱
일러스트 | 김찬우
책임편집 | 배정아
펴낸이 | 신은철
펴낸곳 | 좋은씨앗
출판등록 | 제4-385호(1999.12.21)
주소 | 서울시 서초구 양재동 2-30, 덕성BD 4층 (우 137-886)
편집부 | 전화 02) 2057-3043
영업부 | 전화 02) 2057-3041 / 팩스 02) 2057-3042
홈페이지 | www.gsbooks.org

ISBN 978-89-5874-199-2   03230
printed in Korea

신저작권법에 따라 보호 받는 저작물이므로 무단 전재와 복제를 금합니다.

인내와 충성,
어느 정원사의 이야기

마지막…

나는 그 자리에 서 있을 수 있을까?

"하나님의 말씀을 너희에게 일러 주고 너희를 인도하던 자들을 생각하며 그들의 행실의 결말을 주의하여 보고 그들의 믿음을 본받으라"(히 13:7).

소녀

1908년 여름. 한국에 온 지 9개월밖에 되지 않은 25세의 젊은 여선교사가 죽음을 맞았습니다. 그녀는 죽기 전, 부모님께 이런 편지를 보냈습니다.

"… 한쪽에서는 탄압이 점점 심해지고 있습니다. 그저께는 예수님을 영접한 지 일주일도 안 된 서너 명이 끌려가 순교했고, 토마스 선교사와 제임스 선교사도 순교했습니다. 선교 본부에서 철수하라는 지시가 있었지만, 대부분의 선교사들은 전도한 조선인들과 아직도 숨어서 예배를 드리고 있습니다. 그들 모두가 순교할 작정인가 봅니다…⟨중략⟩

아버지, 어머니! 어쩌면 이 편지가 마지막일 수도 있습니다. 제가 이곳에 오기 전 뒤뜰에 심었던 한 알의 씨앗이 내년이면 꽃으로 활짝 피겠죠? 그리고 또 다른 씨앗을 만들어 내겠죠?

저는 이곳에서 작은 씨앗이 되기로 결심했습니다. 제가 씨앗이 되어 이 땅에 묻히고 하나님의 시간이 되면 아마 조선 땅에 많은 꽃들이 피고, 이곳 사람들도 여러 나라에서 씨앗이 될 것입니다. 저는 이 땅에 저의 심장을 묻겠습니다. 이것은 조선을 향한 저의 열정이 아니라 조선을 향한 하나님의 열정이라는 것을 알게 되었습니다. 아버지, 어머니 사랑합니다."

둘

1950년 여름, 한국전쟁이 일어나고 공산군이 파죽지세로 몰려 내려오던 때, 한 집사님이 애타는 마음으로 목사님에게 피난 갈 것을 권합니다. 한센 병 환자들을 목양하던 목사님은 피난 갈 수 없는 환자들을 두고 자신만 피할 수 없다며 극구 버팁니다.

집사님은 간청합니다.

"목사님! 어쨌든 일단 살아야 일하시지 않겠습니까?"

목사님이 답합니다.

"그것은 틀린 말입니다. 우리 기독교는 본래 잘 살기 위한 종교가 아니라 그 나라와 의를 구하기 위해 잘 죽어야 하는 종교입니다. 꼭 살아서만 복음을 전한다고 생각해서는 안 됩니다. 씨앗이 죽어야 싹이 나듯이 죽어서도 얼마든지 복음을 전할 수 있습니다."

그해 가을, 마지막까지 기도의 자리를 지키던 목사님은 공산군의 손에 순교했습니다.

셋

1981년 겨울, 서울의 한 교회에서 23년간 시무했던 담임목사님의 은퇴식이 있었습니다. 마지막 인사말을 전하기 위해 단에 선 목사님은 말했습니다.

"'명한 대로 행하였다고 종에게 감사하겠느냐… 우리는 무익한 종이라 우리가 하여야 할 일을 한 것뿐이라 할지니라'(눅 17:9-10). 무익한 종은 물러갑니다. 그동안 감사했습니다."

그렇게 23년간 순종한 종의 마지막 인사는 10초면 족했습니다.

그리스도를 닮은 참 목회자, 참 성도가 그리운 때입니다. 연일 터져 나오는 목회자, 성도들의 사건 사고들, 부정적인 교회 소식들이 우리를 힘겹게 하고 있습니다. 부흥은 희미한 흔적만 남기고 이제 메마른 광야로 내몰리는 때가 다가온 듯 보이기도 합니다. 어쩌면 남은 자를 헤아려야 할 시대, 이 시대의 한복판에 선 젊은 목회자는 두렵고 떨림으로 제자리를 돌아봅니다.

나는 어디에 서 있는가?
그리고 어디에 서 있어야 하는가?

고뇌의 풍랑이 일던 2012년 1월 말 어느 밤, 자리에 누워 잠을 청하려는데 불현듯 한 이야기가 떠올랐습니다. 순식간에 머릿속을 가득 채운 그 이야기에 기어코 방의 불을 다시 켜지 않을 수 없었습니다.
한 호흡도 쉼 없이 글을 써 내려갔습니다. 중간

에 눈도 붙이고 사역을 위해 잠시 펜을 놓기도 했지만, 다시 펜을 잡는 순간 기다리기라도 했다는 듯이 이야기가 흘러 나왔습니다. 그렇게 쓰기 시작한 지 이틀이 채 되지 않아 모든 이야기가 완성되었습니다. 펜을 든 시간만으로 헤아리자면 대략 열 시간만에 다 쓴 셈입니다.

참으로 특별한 경험이었습니다. 워낙 빨리 쓴 터라 곳곳에 어설픔과 어색함이 있었지만, 이야기는 제게 깊은 위로를 주었습니다. 제가 쓴 글에 제가 위로를 받았다고 하니 조금 쑥스럽지만 분명 그랬습니다. 무언가 쓰임이 있는 글, 누군가에게 필요한 글이 아닐까라는 생각도 해보았습니다.

그렇게 두 달여가 지나던 즈음, 집회를 인도하기 위해 어느 목사님의 안내를 받게 되었습니다. 목사님과 목회에 관한 담소를 나누던 중, 섬에서 목회를 하셨던 한 노(老) 목사님에 관한 이야기를 들었습

니다. 마치 이 동화를 현실 세계에 그대로 옮겨 놓은 듯한 그 이야기를 들으며 깜짝 놀랐습니다. 연이은 특별한 경험에 저는 마침내 제 이야기를 여러 사람에게 나눌 용기를 얻었습니다.

지난 수개월을 지나면서 여러 차례 이야기를 읽으며 많이 묵상하고 기도했습니다. 그러면서 워낙 급하게 쓰느라 어색했던 부분들을 수정하고, 조금 더 설명이 필요한 이야기를 첨가했습니다. 그렇게 10시간 만에 쓰인 글은, 7개월여 간의 영적 되새김질을 거쳐 그 마침표를 찍게 되었습니다.

이제 하나님께서 제게 특별한 경험과 함께 주신 이야기를 세상에 조심스럽게 내놓습니다. 이 이야기가 꼭 필요한 마음에 가 닿길 간절히 기도합니다.

대방동 목양실에서
이재욱 목사

1

"… 한 부자가 그 밭에 소출이 풍성하매 심중에 생각하여 이르되 내가 곡식 쌓아 둘 곳이 없으니 어찌할까 하고 또 이르되 내가 이렇게 하리라 내 곳간을 헐고 더 크게 짓고 내 모든 곡식과 물건을 거기 쌓아 두리라"(눅 12:16-18).

글쎄요, 지금 그가 왜 여기에 있는지 묻는다면 그는 별로 해줄 말이 없을 것 같군요. 그의 아버지가 여기 살았고, 할아버지 역시 그랬으며, 증조할아버지, 고조할아버지, 그리고 그 위 할아버지의 할아버지… 몇 대를 거슬러 올라가야 할지 알 수 없는 시간을 이곳에서 보내 왔다는 것 외에는 말입니다.

그런데 그게 그렇게 중요한 일인가요? 그런 것

을 따지고 있기엔 그는 너무 바빠서 말이죠. 헤아리지 못할 만큼 넓게 펼쳐진 땅을 무대로 자신의 정원을 가꾸고 넓혀 가는 일은 만만한 일이 아니니까요.

네, 눈치채셨나요? 그는 아주 유능한 정원사랍니다. 그의 아버지도 실력을 인정받는 정원사였지만 그와 비할 바는 아니었지요.

그는 아주 어린 나이 때부터 뛰어난 재능을 드러내기 시작했습니다. 일찍이 아들의 재능을 발견한 부모님은 온 힘을 다해 그를 교육시켰습니다. 부모님에게는 그것만이 삶의 전부인 것처럼 보일 정도였습니다.

그는 타고난 재능과 좋은 교육 덕분에 점점 유능한 정원사로 이름을 내게 되었습니다. 그리고 어느

해인가 드디어 전국에서 내로라하는 정원사들이 겨루는 대회에서 당당히 입상을 했습니다.

  소식을 들은 아버지는 얼마나 감격스러웠던지 사람들 앞에서 덩실덩실 춤을 추었답니다. 어머니는 옆에서 연신 눈물을 훔쳐냈고요. 부부는 아들을 교육시키느라 겪었던 그간의 고생 따위는 정말 아무것도 아니라고 생각했습니다. 암, 아무것도 아니고 말고요.

  그는 곧, 더 넓은 곳에서 배우고 일하기 위해 부모님의 곁을 떠났습니다. 생각했던 것보다 오랜 세월이었습니다. 그가 고향으로 다시 돌아온 것은, 날마다 그의 성공만을 바라던 부모님이 차례로 세상을 떠나시고 난 뒤였습니다.

  그는 돌아가신 아버지의 정원을 물려받았습니다. 작고 소박한 정원이었지만 그의 손이 닿기 시작하면서 정원은 하루가 다르게 변해 갔습니다. 얼마 지나지 않아 정원은 정말 멋진 곳이 되었습니다. 정

원 앞을 지나가는 사람이라면 한 번쯤 멈춰서 쳐다보지 않을 수 없을 정도로 말입니다.

그는 거기서 머물지 않았습니다. 아버지는 가꿀 엄두를 내지 못했던 땅들에까지 손을 대기 시작했지요. 한 번도 손이 닿지 않은 땅을 개간해서 정원으로 가꾸어 내기란 결코 쉬운 일이 아니었습니다. 하지만 그의 의지는 대단했지요. 또 얼마나 부지런했던지요. 그는 강한 의지와 부지런함, 뛰어난 실력을 무기로 황무지를 기막힌 정원으로 바꾸어 갔습니다.

세월이 얼마나 흘렀을까요? 이제 그의 정원은 그 일대에서 견줄 만한 곳이 없을 정도로 크고 화려한 장소가 되었습니다. 수많은 사람들이 그의 정원으로 몰려들었습니다.

"세상에! 이렇게
아름다운 정원은 처음 봐요!"
"게다가 이 규모를 보라고. 이렇게
넓고 잘 갖춘 정원이라니!"

모두가 한결같이 그를 칭송했습니다. 그의 집 앞은 늘 사람들로 북적였습니다. 단 한 번이라도 그의 모습을 봤으면 하는 바람으로 찾아온 사람들이었습니다. 그는 늘 바빠서 집에 잘 있지도 못했는데 말입니다.

많은 사람들이 그의 기술을 배워보려고 자청해서 일꾼으로 들어왔습니다. 일꾼들은 정원 구석구석에서 그의 명령에 따라 일사분란하게 일을 했습니다. 가끔 그가 지나듯 충고 한마디를 던져 줄 때면, 세상에서 가장 큰 선물을 받은 것처럼 감격스러워했습니다.

이제 그는 세상에서 부러울 것이 없어 보입니다.

의기양양하지요. 모든 것이 완벽하게 돌아가고 있으니까요. 아마도 그의 머리에는 10년 후, 20년 후, 30년 후의 계획까지도 치밀하게 짜여 있을 겁니다. 그것이 어떤 계획이든 그는 분명 이루고 말 겁니다. 아무렴요. 그렇고 말고요. 그의 자신감 넘치는 모습이 바로 그 증거이지요.

2

"하나님은 이르시되 어리석은 자여 오늘 밤에 네 영혼을 도로 찾으리니 그러면 네 준비한 것이 누구의 것이 되겠느냐 하셨으니"(눅 12:20).
"내일 일을 너희가 알지 못하는도다 너희 생명이 무엇이냐 너희는 잠깐 보이다가 없어지는 안개니라"(약 4:14).

어느 날 밤, 정원사는 심하게 흔들리는 창문 소리에 잠을 깨고 말았습니다.

'웬 바람이 이렇게 심하게 분담. 아침에 좀 더 일

찍 일어나서 정원을 살펴봐야겠는 걸.'

그는 다시 잠을 청했습니다. 얼마쯤 지났을까요? 그는 더 세찬 바람 소리에 다시 잠이 깨고 말았습니다. 이젠 창문뿐 아니라 온 집이 흔들리는 것만 같았습니다.

'이거, 바람이 너무 부는데, 빨리 정원에 나가 봐야겠다.'

정원사는 서둘러 옷을 차려 입고 나섰습니다. 그리고 현관문을 여는 순간, 비명을 지를 수밖에 없었습니다. 눈뜨기 힘들 정도로 몰아치는 강풍 속에 엉망이 되어 버린 정원의 모습이 눈에 들어왔기 때문입니다.

'일꾼들을 깨워야겠어!'

그는 서둘러 모든 일꾼들을 깨웠습니다.

"자! 당신들은 이쪽! 당신들

은 저쪽! 당신들은 호수 주변! 당신들은 저 둔덕 옆을… 어서, 어서! 빨리들 움직이라고!"

 정원사와 일꾼들은 온 힘을 다해 쓰러진 나무들을 일으켜 세웠습니다. 꽃들을 지켜 내려고 애썼습니다. 온몸이 땀과 흙으로 범벅이 되고, 장갑이 해지고, 손과 팔 여기저기에 상처가 나도 알지 못할 정도로 말입니다.
 그들은 정신없이 정원 이곳저곳을 뛰어다녔습니다. 도대체 얼마나 시간이 흘렀는지 생각할 겨를조차 없었습니다. 그러는 새에 어느덧 동이 터오기 시작했고 바람도 점점 잦아들었습니다.

 해가 그 모습을 다 드러낼 즈음, 드디어 바람이 멈췄습니다. 정원사와 일꾼들은 정신없이 뛰어 다니던 걸음을 그제서야 멈췄습니다.
 밝은 햇살 아래 드러난 정원의 모습은 말할 수

없이 처참했습니다. 그토록 뛰어 다녔지만 그들이 건져 낸 것이라곤 아무것도 없었습니다. 다 부러져 엉망이 되어 버린 수목들과 흙으로 뒤덮인 꽃밭, 여기저기 뒹굴고 있는 구조물의 파편들과 돌덩어리들, 석상들….

"아, 이럴 수가…."

정원사는 주저앉아 버렸습니다. 지난 십수 년 간의 노력이 한순간에 물거품이 되어 버리고 말았습니다. 충격이 얼마나 큰지 눈물조차 나오지 않았지요.

그때였습니다. 한 일꾼이 헐레벌떡 달려오며 외쳤습니다.

"정원사님! 큰일났어요!"

순간 정원사는 허둥지둥하는 일꾼의 모습에 피식 웃음이 났습니다.

"여보게, 큰일이 났다는 건 누가 봐도 알 수 있지 않나."

"그게 아니고요! 창고에 있던 꽃씨와 모종, 묘목을 누군가 전부 훔쳐 갔다고요!"

"뭐라고?"

정원사는 눈앞이 하얘졌습니다. 정원도 정원이지만 그것들은 너무나도 귀중한 것이었습니다. 씨와 모종, 묘목만 있다면 시간이 걸리더라도 정원을 다시 회복시킬 희망은 있는데….

정신을 추스르기도 전에 또 다른 일꾼의 목소리가 들렸습니다.

"정원사님! 빨리 집에 가보세요! 누군가 집을 몽땅 털어 갔어요!"

정원사는 부리나케 집으로 달려갔습니다. 집에 들어간 그는 망연자실했습니다. 그동안 모아 뒀던 돈과 귀금속을 포함해 돈이 될 만한 것은 전부 사라지고 없었습니다. 그는 그야말로 빈털터리가 되고 말았습니다. 자신의 방까지 다 확인한 그는 쓰러져 버리고 말았습니다.

"난 이제 망했어! 완전히 망했다고! 흑흑…"

정원사는 이 후 식음을 전폐한 채 며칠 동안 누워만 있었습니다. 완전히 낙망에 빠져 도저히 몸을 일으킬 수 없었지요. 다행히 몇몇 충성스런 일꾼들이 그에게 당장 필요한 식량과 물품들을 여기저기서 구해 와 그를 돌봐 주었습니다. 이들이 없었다면 그는 여기서 목숨을 다했을지도 모릅니다.

3

"너는 청년의 때에 너의 창조주를 기억하라 곧 곤고한 날이 이르기 전에, 나는 아무 낙이 없다고 할 해들이 가깝기 전에 해와 빛과 달과 별들이 어둡기 전에, 비 뒤에 구름이 다시 일어나기 전에 그리하라"(전 12:1-2).

몸이 회복될 무렵, 한 일꾼이 곁에 와서 조심스레 말을 꺼냈습니다.

"저, 정원사님… 이런 말씀을 드려야 할지… 씨앗과 돈을 훔쳐 간 것은 창고를 담당하던 일꾼들이라고 합니다. 범인은 알아냈지만 너무 멀리 도망을 가 버려서 찾기는 불가능할 거라고…."

정원사는 깊은 충격을 받았습니다.

'이럴 수가… 그렇게 믿고 창고의 열쇠를 맡겼는데….'

살갑게 대하던 일꾼들의 얼굴이 떠오르자 더욱 마음이 고통스러웠습니다. 정원사는 그때부터 술을 입에 대기 시작했습니다. 일꾼들은 매일 걱정스런 눈빛으로 그를 바라보았지요. 그렇게 한 달쯤 지났을 때, 참다못한 일꾼 하나가 그에게 말했습니다.

"정원사님, 이제 그만 다시 일을 시작해야 하지 않겠습니까?"

정원사는 술병을 집어던지며 말했습니다.

"시끄러워! 너희들도 다 똑같아! 결국 내 것을 훔쳐 가려고 그러는 건지 모를

줄 알아? 다 필요 없어!"

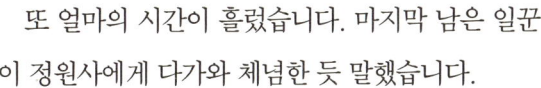

 정원사는 계속 술에 빠져 살았고, 그러는 동안 한 명, 두 명 일꾼들은 그의 곁을 떠나갔습니다. 그러곤 결국 마지막 일꾼 한 사람만이 그의 곁을 지키게 되었습니다. 그에게 충고했던, 가장 충성스런 일꾼이었지요.

 또 얼마의 시간이 흘렀습니다. 마지막 남은 일꾼이 정원사에게 다가와 체념한 듯 말했습니다.
 "정원사님, 이제 저도 더 이상 남아 있을 수 없군요. 여기 곡식을 놔두고 갑니다. 얼마간은 견딜 수 있을 거예요. 하지만 오래는 못 갑니다. 제발 빨리 정신을 차리세요!"
 정원사는 고래고래 소리를 지르며 계속 술을 들이켰습니다.
 "그래, 가라, 가! 가버려! 다 필요 없다고!"

다음날 아침, 갈증에 잠이 깬 정원사는 또 옆에 있는 술병을 잡고 들이켰습니다. 그러나 더 이상 술이 남아 있지 않았습니다. 그는 소리를 지르기 시작했습니다.

"이봐! 술이 떨어졌잖아! 술을 가져오라고, 술을!"

아무런 대답이 없었습니다. 그는 몇 번이고 소리를 질렀지만, 누구의 대답도 들리지 않았습니다. 한참 소리를 지르던 그는 문득 정신이 들었습니다. 그렇습니다.

그의 곁에는 이제 아무도 남아 있지 않았던 겁니다.

소리 지르기를 멈추자 집안에 정적이 흘렀습니다. 힘겹게 몸을 일으킨 정원사는 참으로 오랜만에 방문을 열고 나섰습니다. 아무도 없는, 휑하게 넓은 거실이 눈에 들어왔습니다. 그는 거실을 가로질러

현관문을 열었습니다. 밝은 햇살이 쏟아지자 순간 눈을 찡그렸습니다. 오랜만에 맞는 서늘한 바람이 얼굴에 부딪혀 왔습니다.

곧 햇빛에 적응된 그의 눈에는 황량한 정원이 한눈에 들어왔습니다. 일꾼들이 어느 정도 치워 놓기는 했지만, 이제 더 이상 정원이라고 볼 수 없을 만큼 황량했지요.

'그래, 이대로… 이대로 무너질 수는 없다.'

정원사는 마음을 다잡았습니다. 정원으로 뛰쳐나가 쟁기를 집어 들었습니다. 그러나 몇 번인가 땅을 긁고는 주저앉아 버렸습니다.

그렇습니다. 이제 일을 하기에는 몸이 술로 인해 너무 망가져 있었습니다. 손은 부들부들 떨려서 가눌 수 없었고 숨은 턱까지 차올랐습니다.

정원사는 그 후로도 며칠 동안 일을 해보려고 노력했지만 할 수 없었습니다. 그러는 동안 일꾼이 놓아 두고 간 곡식이 바닥나고 말았습니다. 곡식을 구

하러 가기엔 몸이 너무 쇠약해져 있었습니다.
 정원사는 배고픔과 깊은 절망에 빠져 또 며칠을 그렇게 보냈습니다. 이제 그는 침대에서 몸을 일으킬 힘조차 남아 있지 않았습니다.

'아, 나는 이대로 끝나는 건가…'

 정원사는 눈물을 주르륵 흘렸습니다. 그때였습니다! 정원사의 귀에 무슨 소리가 들렸습니다.
 "끼이익… 툭. 저벅 저벅 저벅."
 분명 누군가 현관문을 열고 들어오는 소리였습니다. 발자국 소리는 점점 더 가까이 들려 왔습니다. 그 소리는 방문 앞에서 잠깐 멈추는가 싶더니, 곧이어 방문이 서서히 열렸습니다. 순간 얼어붙은 그는 있는 힘을 다해 소리를 냈습니다.

 "누… 누구신가요?"

4

"시몬이 대답하여 이르되 선생님 우리들이 밤이 새도록 수고하였으되 잡은 것이 없지마는 말씀에 의지하여 내가 그물을 내리리이다 하고 그렇게 하니 고기를 잡은 것이 심히 많아 그물이 찢어지는지라… 시몬 베드로가 이를 보고 예수의 무릎 아래에 엎드려 이르되 주여 나를 떠나소서 나는 죄인이로소이다 하니… 무서워하지 말라 이제 후로는 네가 사람을 취하리라 하시니 그들이 배들을 육지에 대고 모든 것을 버려 두고 예수를 따르니라"(눅 5:5-11).

방문을 열고 들어온 사내는 한 번도 본 적 없는 얼굴이었습니다. 인자하면서도 뭔가 엄숙한, 한없이 편안하면서도 범접하기 힘든, 알 수 없는 기운을 풍기는 사람이었습니다.

정원사는 조심스레 물었습니다.

"저… 누구신지… 혹시 제가 아는 분? 아니, 저를 아는 분이신가요?"

사내는 알 듯 모를 듯 미소 지으며 대답했습니다.

"물론, 나는 자네를 잘 알고 있다네.
아주 오래 전부터."

사내가 다가와 정원사의 어깨에 손을 살포시 얹었습니다. 그는 순간 말할 수 없는 평안함을 느꼈습니다. 아니, 그것은 느낌만이 아니었습니다. 가누기조차 힘들었던 몸이 가뿐해졌습니다. 그는 자기도 모르게 벌떡 몸을 일으켜서는 자기 몸을 여기저기 만져 보았습니다.

"아니, 어떻게 이런 일이! 당신은 도대체 누구신가요? 당신은 오래 전부터 저를 안다고 하시지만, 저는 당신을 처음 봅니다."

사내는 아무런 대답을 하지 않고, 조용히 자신의 가방 안에서 몇 가지 음식을 꺼내 놓았습니다.
"대답은 차차 하기로 하지. 일단 이 음식부터 먹

게나. 오래도록 먹지 못해 배가 고플 테니."

그러고 보니 몸이 괜찮아지자 전에 느끼지 못했던 허기가 밀려 왔습니다.

"오래도록 음식을 먹지 못한 후에는 아무 음식이나 함부로 먹어서는 안 되지. 하지만 걱정 말게. 이 음식은 아주 특별한 것이니까. 그러니 안심하고 마음껏 먹어도 되네."

정원사는 허겁지겁 음식을 먹기 시작했습니다.

한참을 먹고 나서 그는 놀라운 사실을 알게 되었습니다. 음식이 조금도 줄지 않았던 것입니다!

그는 짐짓 당황했지만 일단은 그냥 먹기로 했습니다. 어차피 지금은 이상하지 않은 일이 없으니까요. 한참을 더 먹고 나서야 그는 배가 부른 것을 느꼈습니다.

"아, 정말 배부르다. 감사합니다. 정말 잘 먹었습니다."

정원사의 인사가 끝나자 또 다시 놀라운 일이 벌어졌습니다. 어느새 음식들이 다 사라지고 없었던 것입니다. 정원사는 애써 침착한 표정을 지으며 다시 물어 보았습니다.

"자, 이제 대답을 해주시겠습니까? 당신은 누구시며 어떻게 저를 알고 계신가요?"

"음… 나는…."

정원사는 잔뜩 긴장한 얼굴로 사내를 쳐다보았습니다. 사내가 말을 이었습니다.

"나는 이 정원의 주인이라네."

정원사는 뜻밖의 대답에 깜짝 놀랐습니다.

"네? 그게 무슨 말씀이신가요? 이 정원은 제 정원입니다!"

사내는 슬픈 표정을 지으며 말했습니다.

"모두들 그렇게 생각하더군. 각자의 정원이 당연히 자신의 소유인 듯 말이야. 어째서일까?"

정원사는 어깨를 으쓱하며 대답했습니다.

"그거야 당연히… 예전부터 아버지의 아버지, 그 아버지의 아버지, 그 이전부터 이 정원에 살았…"

정원사는 흠칫 말을 멈췄습니다. 그렇습니다.

예전부터 이곳에서 살아왔다는 막연한 이유 외에는 이곳의 주인이라고 주장할 이유가 없었던 것입니다.

그때 사내가 물었습니다.

"어떤가? 자네라면, 이제 적어도 이 정원이 자네의 완전한 소유가 아니라는 사실을 어렴풋이나마 느끼고 있지 않은가?"

"아… 저는…"

정원사는 뭔가 대답을 하려다가 순간 멈췄습니다. 웬일인지 갑자기 정원이 폐허가 되어 버린 그날 밤의 장면이 퍼뜩 떠올랐기 때문입니다. 정원사는 생각했습니다.

'그래… 맞아. 그렇게 생각했지. 모든 것이 나의 계획대로 완벽하게, 나의 정원을 완전히 나의 뜻대로…. 그러나 내가 그토록 확신했던 내 정원, 내 미래는 어디에 있는가? 이젠 완전히 사라져 버렸지 않았는가. 이 사내가 아니었다면 나는 목숨조차 잃어 버렸겠지.'

하지만 정원사는 여전히 의아했습니다.

"그렇지만… 그러면 당신은 나와 다르다는 말입니까? 당신은 이 정원이 당신의 것이라는 증거를 가지고 있습니까?"

사내는 빙그레 웃었습니다. 그러고는 방 안에 있

는 빈 화분을 가리키며 말했습니다.

"이렇게 하면 어떤가?"

사내의 말이 떨어지기가 무섭게 화분이 순식간에 흙으로 채워졌습니다. 그러더니 순식간에 싹이 나고 잎이 나고 생전 보지 못한 아름다운 꽃이 피는 것이 아닙니까!

정원사는 자신의 눈을 믿을 수 없었습니다. 그는 벌떡 일어나 꽃을 확인했습니다. 그것은 분명, 향기가 나는 진짜 꽃이었습니다!

그는 혼란스러웠습니다.

'이 사람은… 정말 주인인가? 아니, 아니야… 그런 말은 듣도 보도 못했는 걸. 이런 건 어쩌면 마술사들도 할 수 있는 일일 거야.'

정원사는 애써 침착하게 말했습니다.

"분명 당신은 놀라운 분이시군요. 하지만 저는 너무 당혹스럽습니다. 당신이 주인이라면, 왜 지금까지 저는 당신에 대해 전혀 듣지 못했을까요?"

사내는 말했습니다.

"이렇게 묻도록 하지. 자네는 왜 지금까지 이 정원의 주인에게 관심조차 기울이지 않았지? 자네가 만들지 않은 태양이 저토록 아름답게 빛나며 꽃들에게 생명을 주고 있지 않은가?

자네는 바람이 어디로부터 와서 어디로 가는지 아는가? 벌과 나비들이 어디로부터 와서 언제 어떻게 꽃들을 피게 하는지 아는가? 물은 어디로부터 와서 어떻게 땅에 스며들어 어떻게 식물을 자라게 하는지 아는가?

자네가 잠을 자는 동안에도 기온은 유지되며, 식물은 숨쉬고, 눈에 보이지 않는 작은 생물들은 일하고 있음을 아는가?

태양이, 바람이, 벌과 나비가, 흐르는 시내가, 하늘의 비가, 따뜻한 공기가 자네가 이 정원의 주인이 아니라는 사실을 그토록 말하고 있는데, 자네는 어째서 단 한번도 그 말을 듣지 않은 것인가!"[1]

정원사는 순간 멍해졌습니다. 하지만 뭔가 할 말을 찾아야 할 것 같았습니다.

"하지만… 저… 하지만, 당신이 주인이라면 왜 이제 제게 찾아오신 것입니까? 왜 하필 지금 말입니다. 제게 자비를 베푸실 요량이라면 제가 이런 고통을 당하기 전에… 그러니까 좀 더 일찍 오셨다면 좋았을 걸요!"

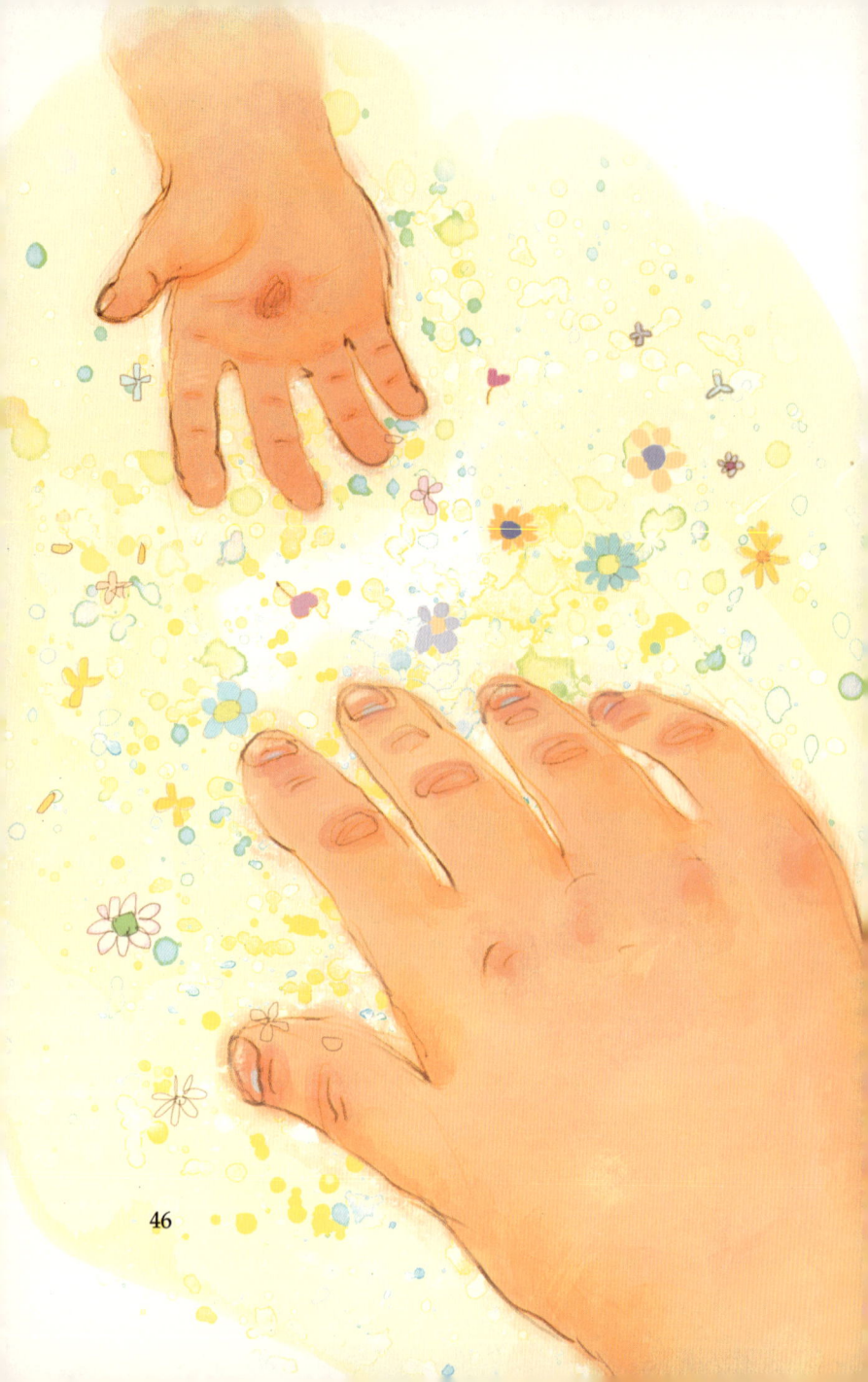

사내는 부드럽지만 단호한 목소리로 말했습니다.

"혹 자네는 아는가? 자네가 왜 34년 전 그날 이 정원에서 태어났는지 그리고 언제 이 정원을 떠나야 할지. 비는 언제 내리고, 언제 그칠지, 폭풍은 언제 찾아오고, 언제 멈출지, 누군가와는 언제 만나고, 언제 헤어질지, 기회는 언제 찾아오고, 언제 사라질지, 선택은 언제 주어지고, 그 결과는 언제 나타날지. 때를 정하는 것은 누구인가?"[2]

어안이 벙벙해 있는 정원사를 향해 사내가 또박또박 힘주어 말했습니다.

"다시 한 번 말하네만, 내가 이 정원의 주인이라네. 자네 아버지의 아버지, 또 그 아버지의 아버지를 거슬러 올라가 생각의 끝에 닿을 그 시간에 이 정원을 자네의 집안에 맡긴 바로 그 주인 말일세."

 순간 정원사는 사내의 음성이 사방에서 들려 오는 듯한 착각이 들었습니다. 아니, 그것이 착각이었는지 진짜였는지도 확실치 않았습니다. 분명한 것은 바로 그 순간 사내의 말이 강력한 확신으로 그의 마음을 사로잡았다는 것입니다.

 사내의 말이 거역할 수 없는 거대한 파도처럼 정원사의 마음을 뒤덮어 버렸습니다.
 정원사는 자기도 모르게 사내 앞에 무릎을 꿇었습니다. 무슨 말을 해야 할지 망설이던 그는 한참이 지난 뒤에야 입을 떼었습니다.

"저… 저는 이제 어떻게 해야 할지…
주인님이 돌려받아야 할 정원은
더 이상 남아 있지 않습니다.
제가 할 수 있는 일이 없습니다."

주인이 정원사의 손을 잡아 일으켰습니다. 그러곤 따뜻한 미소를 지으며 말했습니다.
"망가진 정원이라면 걱정 말게. 내가 이미 할 일을 해놓았으니. 자네는 이제부터 나와 함께하기만 하면 되네."

그 순간, 정원사는 보았습니다. 주인의 손에 선명한 깊은 상처 자국을 말입니다.

5

"그가 고난 받으신 후에 또한 그들에게 확실한 많은 증거로 친히 살아 계심을 나타내사 사십 일 동안 그들에게 보이시며 하나님 나라의 일을 말씀하시니라"(행 1:3).

그날부터 주인은 정원사와 함께 정원을 하나씩 하나씩 손질해 나가기 시작했습니다. 주인은 땅과 꽃과 나무와 풀들에 대해 상상할 수 없을 만큼 많은 지식을 가지고 있었습니다. 주인이 가르치는 모든 내용들은 평생을 정원사로 살아온 그에게도 낯선 것들이 많았습니다.

오후 일을 마치고 나면 주인과 정원사는 집 앞 작은 탁자에서 식사를 함께하며 이야기를 나눴습니다. 향긋한 차도 나누는 이 시간은 함께 정원을 가꾸는 것만큼이나 즐거운 시간이었습니다.

주인은 그가 가보지 못한 먼 나라, 경험하지 못한 많은 일들을 말해 주었습니다.

며칠이 지나고 정원사는 정말 궁금하던 것을 물었습니다.

"주인님, 그 손의 상처 말인데요. 분명 평범한 상처 같아 보이진 않아요. 그러기엔 너무 깊고… 게다가 아직 아물지도 않은 것 같고요."

주인이 웃으며 대답했습니다.

"이보게, 세상의 모든 잘못이
그냥 바로잡히는 법은 없다네."

정원사는 고개를 갸웃했습니다.
"무슨 말씀인지…."
"자네가 망가뜨린 이 정원 말일세."
정원사는 통 모르겠다는 표정으로 대답했습니다.
"주인님, 그건 조금 억울해요. 그날 밤의 일은 일종의 사고였다고요."
"사고라… 그래, 그렇다고 할 수도 있겠지. 그러나 그 사고의 원인은 분명 자네라네. 자네는 그 폭풍우가 우연히 일어난 것이라고 생각했을지 모르겠지만 그렇지 않아.

주인이 아닌 자들이 주인을 자처하며 살아가는 세상에 생기는 일종의 '암'이라고 할까?"

"세상의 '암'이라고요?"

"자네에겐 그 모양이 폭풍우였지만 다른 사람에겐 또 다른 모양으로 나타나겠지. 그러나 그 결과는 같다네. 결국 그 정원을 가져간다는 것이지."[3]

"그럼, 주인님의 상처는…."

"말하지 않았는가? 세상의 모든 잘못이 그냥 바로잡히는 법은 없다고.

자네의 정원은 내 생명을
　　대가로 치르고 얻은 거네."

정원사는 조금 혼란스러웠습니다.

"생명을 대가로 치르셨다고요? 하지만 지금 주인님은 이렇게 멀쩡하게 살아 계시지 않습니까?"

"물론이지. 내가 죽고 말았다면 이렇게 자네를 만날 수 없지 않겠나? 나는 죽었고 생명은 지불되었지만, 나는 이렇게 다시 살아 있네. 그 표시가 바로 이 상처이고 말일세."[4]

"다시 살아나셨다는 말씀인가요? 돌아가셨다가요?"

주인은 빙그레 웃으며 고개를 끄덕였습니다. 정원사는 더 이상 묻지 않았습니다. 여전히 이해하기 어렵지만 주인의 말을 믿을 수 있었기 때문입니다.

'주인님이 생명을 바쳐 나를 구했다.'[5]

그는 분명 그렇게 믿었습니다.

그들은 그렇게 40일 동안 함께 했습니다. 정원은 놀라울 정도로 변화되었습니다. 이전과 같이 화려하지는 않았지만 그보다 훨씬 깊은 멋을 풍겼습니다.

이윽고 40일째 되던 날, 정원사는 주인에게 말했습니다.

"주인님, 주인님과 함께한 40일 동안 제가 지난 십수 년간 가꿔 왔던 것보다 더 훌륭한 정원을 가꿀 수 있었습니다.

하지만 주인님, 정말 궁금합니다. 주인님은 말씀 한마디면 빈 화분에도 꽃을 피울 수 있는 분이 아닙니까? 이 정원을 회복시키는 일도 분명 말씀 한마디면 되었을 텐데요. 40일이나 걸릴 필요가 없었겠지요. 저 같은 사람의 도움 따위는 더더군다나 필요 없을 테고요. 그런데 왜?"

주인은 큰 소리로 웃었습니다.

"하하하! 자네 참 빨리도 물어 보는군."

그러곤 말을 이었습니다.

"자네 말이 맞아. 정원을 새로 꾸미는 일이야 말 한마디면

될 일이지. 조금 오해가 있군. 내가 자네와 지난 40일간 함께해 온 목적이 정원을 새로 꾸미는 일이었다고 생각하나?"

정원사는 더 의아해졌습니다. 지난 40일 동안 한 것이 정원을 가꾸는 일이 아니었다면 도대체 무엇이었단 말입니까?

"내가 지난 40일 동안 하고자 했던 일은 40일 동안 자네와 함께 정원을 가꾸는 일이었네. **40일 동안 자네와 함께 가꾸는 것이 목적이었으니,** 당연히 40일이라는 시간과 자네가 필요했던 것이 아니겠는가? 하하하!"

정원사는 주인의 말 뜻을 알 것도 같고 모를 것도 같았습니다. 알쏭달쏭하다는 표정을 짓고 있는 그에게 주인이 말했습니다.

"그나저나 이제 계획했던 40일이 지났군. 이제 자네와 충분한 시간을 보냈네. 정원도 새로 꾸몄고 말이지. 마지막 당부를 하고 떠날 시간이 되었군."

정원사는 깜짝 놀랐습니다.

"네? 떠나시다니요? 이렇게 갑자기…."

화들짝 놀란 정원사에게 주인이 부드럽게 대답했습니다.

"그럼 이 사람아, 내가 여기 계속 자네와 함께 있으리라 여겼던가? 이 정원은 내 것이지만 분명 자네에게 맡긴 곳이네. 이제 제 자리를 찾았으니 믿고 맡기고 난 떠나야지. 자, 이걸 받게."

주인은 가방에서 몇 개의 주머니를 꺼내 그에게 건넸습니다.
"이건 뭔가요, 주인님?"
"특별한 꽃씨일세. 자네와 내가 가꾼 이 정원을 완성시켜 줄 것들이지. 마무리는 자네가 하게."
그는 주머니를 받아 들었습니다. 주머니 안에는 그가 난생 처음 보는 씨앗들이 가득했습니다.

"그것들은 이곳에서 구할 수 있는 씨앗들이 아니라네.

그것들이 충분히 자라고 꽃이 피기까지는 제법 오랜 시간이 걸릴 거야.

하지만 열심히 가꿔보게. 분명 훌륭한 꽃들을 보게 될 테니."

정원사는 굳은 표정으로 고개를 끄덕였습니다.
"네, 그렇게 하겠습니다. 주인님."
주인은 더욱 엄숙한 표정으로 말했습니다.
"자, 이제 진짜 당부를 할 시간이군. 잘 듣게. 나는 때가 되면 분명 이곳에 다시 돌아올 걸세. 자네는 그때가 될 때까지 반드시 이 정원을 지켜 주어야만 하네.

내가 떠나고 나면 분명 많은 일들이 일어날 걸

세. 그러나 무슨 일이 있어도 자넨 여길 떠나서는 안 되네. 다시 한 번 당부하네만, 이 정원을 꼭 지켜 주어야 하네!"[6]

정원사는 결연한 표정으로 대답했습니다.

"네, 주인님. 알겠습니다. 반드시 이곳을 지키고 있겠습니다. 주인님이 돌아오실 그날까지요."[7]

주인은 온화한 미소를 지으며 그의 손을 굳게 잡아 주었습니다. 그는 언뜻 주인의 눈가에 맺힌 눈물을 보았습니다.

주인은 잡은 손에 다시 한 번 힘을 꼭 쥐어 보고는 훌쩍 뒤돌아서서 걷기 시작했습니다. 정원사는 주인의 등 뒤에서 힘껏 손을 흔들었습니다. 주인의 모습은 금세 그의 눈에서 사라져 버렸습니다.

6

"좋은 땅에 있다는 것은 착하고 좋은 마음으로 말씀을 듣고 지키어 인내로 결실하는 자니라"(눅 8:15).

겨울이 가고 봄이 찾아오자 주인의 정원에는 싱그런 꽃들이 향기를 내기 시작했습니다. 나무들도 더욱 견실해지고 파릇파릇한 아기 잎새들이 돋아났습니다. 정원에는 생기가 돌았습니다. 하지만 주인

이 마지막으로 건네고 간 씨앗들만은 아직 싹을 틔우지 못하고 있었습니다.

봄과 함께 사람들도 찾아오기 시작했습니다. 이전처럼 화려한 것은 아니었지만 다른 정원에서는 보기 힘든 기품을 풍기는 정원에 많은 사람들이 매료되었습니다.

정원사의 집 근처도

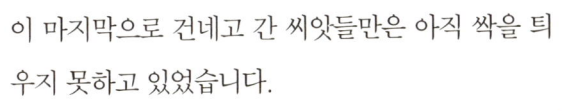

다시 사람들로 북적댔습니다. 그러나 예전과 달리 그들은 정원사를 보기 위해 애를 태울 필요가 없었습니다. 그는 늘 그곳에서 친절하게 사람들을 맞았으니까요.

    손님들을 위한 예쁜 탁자와 의자도 마련해 놓았습니다. 정원사는 그들에게 따뜻한 차와 쿠키를 대접하며 이야기꽃을 피우곤 했습니다.

**그가 주인과 그렇게 시간을 보냈듯 말이죠.
정원사의 집 주변에선 도란도란
이야기 나누는 소리와
웃음소리가 끊이지 않았습니다.**

    일꾼들도 돌아왔습니다. 정원사는 더 이상 그들을 일사불란하게 부리려 하지 않았습니다. 오히

세심히 살펴서 적절한 자리에 배
때때로 따뜻하고 친절한 조언을 아
다.

말끔하게 차려입은 신사가 정원사를 찾
다. 신사는 멋진 명함을 한 장 내밀며 말했
.

당신의 정원이 참 마음에 드는군요. 당신이 일
는 방식도요. 여기저기 알아보니 당신의 정원 가
꾸는 솜씨는 이미 이 일대에서 정평이 나 있더군요.
폭풍으로 다 망가진 정원을 다시 일으켰다는 감동
적인 이야기도 들었습니다.

그래서 말인데요, 부디 저희 정원으로 와 주십시
오. 이보다 스무 배는 더 큰 정원에서 당신의 꿈을
마음껏 펼칠 수 있을 겁니다. 물론 이 정원도 멋집
니다만, 당신같이 훌륭한 정원사는 이 정도의 정원
에 머무르기에는 너무 아깝습니다. 돈은 달라는 대
로 드리겠습니다. 지원도 지금과는 비교도 되지 않

을 만큼 충분하게 해드리겠습니다. 그러니 제발 부탁드립니다."

정원사는 정중하지만 단호한 어조로 말했습니다.

"선생님, 선생님의 배려는 너무도 감사합니다. 하지만 전 이곳을 떠날 수 없습니다. 제 주인이 허락하지 않으시기 때문입니다.

이 정원은 제 것이 아닙니다.
제가 다시 일으킨 것도 아니고요.
모든 것은 제 주인의 것이고
그 주인이 하신 일입니다."

신사는 고개를 갸웃거렸습니다.

"당신의 정원이 아니라고요? 그런 이야기는 처음 듣습니다만… 아무튼 지금은 생각이 없다는 뜻으로 알겠습니다. 하지만 다시 한 번 진지하게 생각해 주십시오."

신사는 그 뒤로도 여러 차례 정원사를 찾아와 간

려 그들의 적성을 세심히 살펴서 적절한 자리에 배정해 주고 시시때때로 따뜻하고 친절한 조언을 아끼지 않았습니다.

어느 날 말끔하게 차려입은 신사가 정원사를 찾아왔습니다. 신사는 멋진 명함을 한 장 내밀며 말했습니다.
"당신의 정원이 참 마음에 드는군요. 당신이 일하는 방식도요. 여기저기 알아보니 당신의 정원 가꾸는 솜씨는 이미 이 일대에서 정평이 나 있더군요. 폭풍으로 다 망가진 정원을 다시 일으켰다는 감동적인 이야기도 들었습니다.

그래서 말인데요, 부디 저희 정원으로 와 주십시오. 이보다 스무 배는 더 큰 정원에서 당신의 꿈을 마음껏 펼칠 수 있을 겁니다. 물론 이 정원도 멋집니다만, 당신같이 훌륭한 정원사는 이 정도의 정원에 머무르기에는 너무 아깝습니다. 돈은 달라는 대로 드리겠습니다. 지원도 지금과는 비교도 되지 않을 만큼 충분하게 해드리겠습니다. 그러니 제발 부탁드립니다."

정원사는 정중하지만 단호한 어조로 말했습니다.

"선생님, 선생님의 배려는 너무도 감사합니다. 하지만 전 이곳을 떠날 수 없습니다. 제 주인이 허락하지 않으시기 때문입니다.

이 정원은 제 것이 아닙니다.
제가 다시 일으킨 것도 아니고요.
모든 것은 제 주인의 것이고
그 주인이 하신 일입니다."

신사는 고개를 갸웃거렸습니다.

"당신의 정원이 아니라고요? 그런 이야기는 처음 듣습니다만… 아무튼 지금은 생각이 없다는 뜻으로 알겠습니다. 하지만 다시 한 번 진지하게 생각해 주십시오."

신사는 그 뒤로도 여러 차례 정원사를 찾아와 간

곡히 부탁했습니다. 그러나 정원사의 태도는 단호했습니다. 결국 신사는 단념하고는 다시는 찾아오지 않았습니다.

신사가 마지막으로 찾아온 그 다음날이었습니다. 일찍 일어나 아침 식사를 하고 있던 정원사에게 한 일꾼이 헐레벌떡 뛰어와 소리쳤습니다.
"정원사님! 정원으로 나와 보세요. 빨리요!"
정원사는 무슨 큰일이라도 생겼나 싶어 벌떡 일어나 쏜살 같이 정원으로 달려갔습니다. 정원 한쪽에 일꾼들이 모두 모여 웅성거리고 있었습니다.
"여보게들! 도대체 무슨 일인가?"
"정원사님 여길 보세요!"
정원사의 눈이 휘둥그레졌습니다. 거기에는 믿을 수 없는 광경이 펼쳐져 있었습니다.

주인이 주고 간 **씨앗이 자라 꽃 봉오리를** 맺고 있었습니다.

"이럴 수가… 분명 어제까지만 해도 싹도 보이지 않았는데?"

"그러게요, 저도 아침 일찍 물을 주러 왔다가 까무러치는 줄 알았다니까요!"

일꾼은 흥분해서 말했습니다. 정원사도 곧 꽃을 볼 수 있다는 생각에 가슴이 부풀어 올랐습니다.

그때부터 정원사는 꽃밭에 직접 물을 주었습니다. 매일 아침이면 기대감으로 가득 차 꽃밭으로 달려갔습니다. 그렇게 며칠이 지나고 또 몇 주가 지났습니다. 한 달이 지나고 두 달이 지났습니다.

그러나 정원사의 기대와는 달리 꽃은 피지 않았습니다. 금방이라도 꽃을 피울 것 같은 봉오리였지만 두 달이 넘도록 그대로였습니다.

정원사의 얼굴에 차츰 근심 어린 표정이 드리우기 시작했습니다. 도대체 어떻게 해야 이 꽃들이 필 수 있는 걸까요? 그의 마음은 갈수록 조급해졌습니다. 그러던 어느 순간부터는 여전히 봉오리인 꽃들을 보며 짜증이 났습니다.

 아침이 되었고, 정원사는 또 다시 꽃밭으로 걸음을 옮겼습니다. 꽃밭에 도착해서 이곳저곳에 물을 주고 일을 마치려는 순간, 꽃밭 모퉁이에 핀 작은 들꽃이 눈에 들어왔습니다. 순간 그는 얼굴을 찡그렸습니다.
 그토록 애를 쓰고 있는데도 피지 못하는 주인의 꽃 옆에서 가꾼 적도 없는 들꽃이 배시시 얼굴을 내밀고 있는 모습이 왠지 얄미워 보였다고 할까요?
 그는 신경질적으로 무릎을 굽혀 들꽃을 뽑아 내려고 손을 내밀었습니다. 그런데 웬일인지 정원사는 멈칫하더니 이내 땅에 털썩 주저앉았습니다. 그는 흐르는 땀을 닦으며 한참 동안이나 그 작은 꽃을 바라보았습니다.
 새삼 신비했습니다. 어쩜 아무도 관심을 가져 주지 않는 자리에서 이렇게 작은 식물이 땅을 뚫고 나와 꽃을 맺었을까? 부끄러운 마음이 들었습니다.

'주인님의 꽃을 가꾼다면서 그 꽃이 내 맘대로 피지 않는다고… 나는 이렇게 작고 연약한 식물에게 짜증을 내고 있었구나.

주인님의 정원은 아무도 관심 갖지 않는 **여린 꽃에도 이렇게 생명을 주고 있는데** 말이야.'

정원사는 주변의 작은 돌멩이들을 모아 들꽃 둘레에 아담한 울타리를 만들어 주었습니다. 그리고 일어서며 생각했습니다.

'그래, 주인님의 꽃은 언젠가 주인님이 아시는 그때에 꼭 꽃을 피울 거야.

나는 그저 맡겨 주신 대로 **열심히 가꾸기만 하면 될 일.**

생명의 피고 짐은 내가 어떻게 할 수 있는 일이 아니잖은가.'[8]

다음날부터 정원사는 다시 기쁜 마음으로 주인의 꽃들을 돌보기 시작했습니다. 꽃은 여전히 봉오리인 채였지만 그는 불평하지 않았습니다. 매일을 감사함으로 꽃들을 사랑할 뿐이었지요.

그렇게 한 달이 지난 어느 날 아침, 여느 날과 마찬가지로 콧노래를 흥얼거리며 주인의 꽃밭에 도착한 정원사의 눈앞에 숨이 턱 막히는 광경이 펼쳐져 있었습니다. 얼마나 놀랐던지 그는 손에 쥐고 있던 도구를 몽땅 떨어뜨리고 말았습니다.

천국의 광경!

그렇습니다. 정원사는 그렇게 생각했습니다. '천국이 있다면 바로 이런 모습일 거야.' 꽃이 만발한 채 정원사를 반기고 있는 주인의 꽃밭은 마치 천국의 모습 같았습니다.

드디어 꽃밭의 꽃들이 활짝 피어났습니다. 분명 같은 씨를 심었는데도 꽃밭의 꽃은 한 송이도 같은 모양, 같은 색깔이 없었습니다. 그러면서도 이를 데 없이 아름다운 조화를 이루고 있는, 그야말로 찬란함 그 자체였습니다.

정원사는 한참 동안 넋을 잃고 꽃밭을 바라보다

가 덩실덩실 춤을 추며 기뻐했습니다.

그날 정원사의 집에서는 잔치가 벌어졌습니다.

"여러분! 오늘은 정말 기쁜 날입니다. 제가 기다리고 기다리던 꽃이 피어난 날이지요. 바로 주인님이 친히 주고 가신 그 꽃입니다! 참으로 기쁘군요! 주인님께 모든 영광을! 자, 모두들 기쁘게 잔치를 즐기시기 바랍니다."

사람들은 아름다운 꽃밭에 감격했습니다. 너도나도 축하하며 맛있는 음식을 나누었습니다. 향긋한 꽃차와 음료에 사람들의 마음은 한껏 더 즐거워졌습니다. 사람들은 흥에 겨워 함께 춤을 추고 노래를 불렀습니다. 일꾼들도 고단함을 잊고 잔치의 기쁨에 흠뻑 빠져들었습니다. 정말 행복한 날이었습니다.

7
"그런즉 선 줄로 생각하는 자는 넘어질까 조심하라"(고전 10:12).

세상 어디서도 보기 힘든 꽃이 피어났다는 소식은 삽시간에 퍼졌습니다. 수많은 사람들이 그 꽃을 보러 정원으로 몰려들기 시작했습니다. 정원사는 조금씩 지쳐 갔지만 그래도 미소와 친절을 잃지 않으려고 애썼습니다.

어느 때부터인가 지역의 유력한 사람들이 부쩍 자주 찾아오기 시작했습니다. 유명한 정치인들, 부자들, 멋진 배우들, 가수들…. 이들은 자연스레 자기들끼리 어울렸습니다. 그러더니 어느새 정원의 가장 좋은 자리가 이들의 차지가 되었지요.

사람들은 곱지 않은 시선으로 그들을 바라보면서도 누구 하나 나서서 뭐라고 하진 못했습니다. 그들은 이런 시선을 아는지 모르는지, 그곳에서 날마다 자신들만의 파티를 벌였습니다. 정원사 역시 그들이 마뜩지 않았습니다. 하지만 어찌 됐건 정원을 찾아온 손님이라는 생각에 조금은 더 두고 보기로 했지요.

어느 날이었습니다. 모종을 들고 바쁘게 그들 곁을 지나는 정원사를 누군가가 불러 세웠습니다.

"어이~ 이보게, 뭐가 그리 바쁜가? 이리 와서 잠시라도 우리와 함께 먹고 대화를 좀 나누세나!"

정원사를 부른 사람은 나라의 중요한 직책을 담당하는 고위직 관리였습니다.

정원사는 정중하게 대답했습니다.

"장관님, 말씀은 감사하지만 제가 지금 하던 일이 있어서… 죄송합니다."

꾸벅 인사를 하고 돌아서려는 순간, 누군가가 그의 팔짱을 끼었습니다.

"아이~ 정원사님, 몇 번을 와도 제대로 식사 한 번 나누지 못했어요. 일은 나중에 하고 이리로 좀 오세요. 맛있는 음식이 얼마나 많은데요."

어디선가 본 듯한 아주 예쁜 여성이었습니다. 자극적인 향수 냄새에 그만 머리가 아찔해질 정도였습니다.

"아, 저는…"

정원사는 차마 매몰차게 뿌리치지 못하고 식탁 한쪽에

을 머금고 파티장에 앉아 있었지요.
할 무렵, 장관이 말했습니다.
이제 그만 그 작업복을 벗을 수 없겠
일꾼이 아니지 않은가? 이제 정원의 거
일꾼들에게 맡겨 버리게. 자네에게는 이
어울려."
매우 중요한 얘기라도 하듯 조금 목소리
짐짓 엄숙한 표정을 지으며 말을 이었습

사람이 된다는 건 먼저 그 자리의 품격에
차려 입는 데서 시작하지. 사람들은 가장
차림으로 상대를 판단하거든. 멋진 옷은 사
게 경외감을 느끼게 해주지.

앉고 말았습니다. 그러자 처음 그를 불렀던 장관이
기분이 좋은 듯 큰 소리로 외쳤습니다.
"여러분, 이 아름다운 정원을 가꾼 주인공을 드
디어 모시게 되었군요! 제가 소개하지요. 바로 이

정원의 주인입니다!"

사람들은 박수를 치며 환호했습니다.

"어서, 한마디 하세요!"

정원사는 쑥스러운 듯 일어나 말했습니다.

"아, 저, 여러분의 관심과 응원에 감사드립니다. 저, 여러분에게 꼭 알려 드려야 할 것이 있습니다. 이 정원을 다시 세운 것은 제가 아니라 제 주인님이십니다. 이 정원의 진짜 주인이지요. 물론 지금 여기 계시지 않습니다만… 어쨌든 이 과분한 영광은 제 주인님에게 가야 마땅합니다."

장관은 의아해하면서도, 아무래도 상관없다는 투로 말했습니다.

"이 정원의 진짜 주인이라… 뭐 처음 듣는 이야기지만 아무렴 어떻습니까? 우리 겸손하기까지 한 정원사를 위해 건배합시다. 아, 이분이 고마워하는 그 주인을 위해서도요. 자, 건배합시다! 정원사와

그 주인을

"위하여!

이내 다시

도 참으로 오

겼습니다. 마음

분이 있었지만,

'그래, 하루인

는 것은 주인님

뻐하실지도 모르지.

안 내가 못마땅하게 싱

동 하나하나가 이렇게

그러나 생각과 달리 정

나지 않았습니다. 그 다음닐

그는 한껏 웃음

며칠이 지니

"이보게.

나? 자네는

친 일들은 ㅇ

런 자리에

장관은

를 낮추고

니다.

"높은

맞게 잘

먼저 웃

람들에

자네가 작업복을 벗는 순간 일꾼들은 자네를 진정한 윗사람으로 보기 시작할 걸세. 그 다음은 그들과 조금 떨어져서 '난 너희들과는 다른 부류의 사람'이라는 걸 분명하게 느끼게 해주어야 하네.

 자네처럼 그렇게 일꾼들과 붙어 있으면 그들은 자네를 만만하게 여긴단 말일세. 그러고 말이야, 가끔 위엄 있게 뒷짐을 지고… 옳지, 이렇게 말이야."

장관은 어깨를 잔뜩 세우고 뒷짐을 진 채 거만한 표정을 지었습니다.

"그러고는 한 번씩 일꾼들에게 못마땅한 듯 찌푸린 눈초리만 보내면 되네. 그러면 일꾼들은 지레 긴장해서 알아서 움직이게 되어 있거든. 일꾼들이란 이렇게 부리는 것이라네. 알겠나? 헛헛헛!"

장관의 말에 정원사는 갑자기 자신의 모습이 조금 초라하게 느껴졌습니다.

'그러고 보니, 여기는 나처럼 입은 사람들이 아무도 없어. 이들을 봐, 장관님의 말대로 보기만 해도 품격과 자부심이 느껴지는 차림새를 하고 있지 않은가. 나도 이제 이 자리에 있기에 부족함이 없는 자격을 갖췄어.

앉고 말았습니다. 그러자 처음 그를 불렀던 장관이 기분이 좋은 듯 큰 소리로 외쳤습니다.

"여러분, 이 아름다운 정원을 가꾼 주인공을 드디어 모시게 되었군요! 제가 소개하지요. 바로 이 정원의 주인입니다!"
 사람들은 박수를 치며 환호했습니다.
 "어서, 한마디 하세요!"
 정원사는 쑥스러운 듯 일어나 말했습니다.

 "아, 저, 여러분의 관심과 응원에 감사드립니다. 저, 여러분에게 꼭 알려 드려야 할 것이 있습니다. 이 정원을 다시 세운 것은 제가 아니라 제 주인님이십니다. 이 정원의 진짜 주인이지요. 물론 지금 여기 계시지 않습니다만… 어쨌든 이 과분한 영광은 제 주인님에게 가야 마땅합니다."

 장관은 의아해하면서도, 아무래도 상관없다는 투로 말했습니다.
 "이 정원의 진짜 주인이라… 뭐 처음 듣는 이야기지만 아무렴 어떻습니까? 우리 겸손하기까지 한 정원사를 위해 건배합시다. 아, 이분이 고마워하는 그 주인을 위해서도요. 자, 건배합시다! 정원사와

그 주인을 위하여!"

"위하여!"

이내 다시 흥겨운 파티가 벌어졌습니다. 정원사도 참으로 오랜만에 거하게 취하도록 파티를 즐겼습니다. 마음 한켠에 무언가 살짝 개운치 못한 부분이 있었지만, 그는 애써 고개를 저었습니다.

'그래, 하루인데 뭐 어때. 이 정도 즐기는 것은 주인님도 이해하실 거야. 어쩌면 기뻐하실지도 모르지. 이렇게 훌륭한 사람들을 그동안 내가 못마땅하게 생각했다니 미안한 걸. 어쩜 행동 하나하나가 이렇게 세련되고 품위가 있을까!'

그러나 생각과 달리 정원사의 파티는 하루로 끝나지 않았습니다. 그 다음날도 그리고 그 다음날도,

그는 한껏 웃음을 머금고 파티장에 앉아 있었지요.
 며칠이 지날 무렵, 장관이 말했습니다.
 "이보게. 이제 그만 그 작업복을 벗을 수 없겠나? 자네는 일꾼이 아니지 않은가? 이제 정원의 거친 일들은 일꾼들에게 맡겨 버리게. 자네에게는 이런 자리가 어울려."
 장관은 매우 중요한 얘기라도 하듯 조금 목소리를 낮추고 짐짓 엄숙한 표정을 지으며 말을 이었습니다.
 "높은 사람이 된다는 건 먼저 그 자리의 품격에 맞게 잘 차려 입는 데서 시작하지. 사람들은 가장 먼저 옷차림으로 상대를 판단하거든. 멋진 옷은 사람들에게 경외감을 느끼게 해주지.

그러니 이들도 나와 함께 있기를 원하는 것이 아니겠는가?

그래, 이제 정원의 일은 일꾼들에게 맡기고 나는 이들과 함께하면서 정원을 더욱 번창하게 하기 위한 보다 수준 있는 일들을 찾아보는 것이 좋겠어. 그래, 당장 옷부터 갈아입자.'

정원사는 옷을 갈아입기 위해 서둘러 집으로 향했습니다. 급하게 달려가는 그의 눈에 언뜻 주인의 근심 어린 얼굴이 스치는 듯 했습니다.

그는 잠시 멈칫했지만 이내 생각했습니다.

'방금, 주인님이? 아니야. 주인님이 내게 부탁하신 것은 정원을 지키고 가꿔 달라는 것이었어. 저렇게 유명한 사람들이 정원에 항상 모여 있으면 정원의 품격이 얼마나 올라가는데. 게다가 정원도 덩달아 유명해지고. 그러면 더 많은 사람들이 찾아오겠

지? 주인님의 정원이 유명해지고 번창하면 누가 기뻐하시겠나? 바로 주인님이 아니시겠는가!'

생각이 여기까지 미치자 정원사는 기왕에 옷을 바꿔 입는다면, 누구도 함부로 입을 수 없는 최고급 정장을 입어야겠다고 생각했습니다.

'그래, **주인님의 정원이 최고의 정원이라는 것을 보이려면 나 자신도 최고가 되어야 해.** 그렇다면 최고에게 어울리는 옷을 입는 것이 좋겠지.'

정원사는 수소문하여 최고의 재단사를 불렀습니다. 그리고 그에게 최고의 옷을 주문했습니다.

며칠 뒤 재단사는 전에 본 적 없는 최고의 정장을 가지고 왔습니다. 그 옷은 천사라도 입어야 할 듯 멋져 보였습니다. 그는 뿌듯한 마음으로 옷을 갈아입고 당당하게 파티장으로 나갔습니다. 정원사가 등장하자 사람들은 감탄사를 연발했습니다.

"오! 정말 멋지군!"

"어머, 정말 최고의 옷이에요!"

한껏 마음이 부풀어 오른 그에게 장관이 흡족한 웃음을 지으며 다가왔습니다.

"핫핫핫! 드디어 자네의 정원과 이 파티의 품격에 어울리는 옷을 입었구먼. 정말 멋진 걸! 자, 이제 본격적으로 파티를 즐겨 보세! 핫핫핫!"

이후로 파티는 계속되었습니다. 몇 주가 지나고, 몇 달이 지나는 동안에도 흥겨운 파티 소리는 멈추지 않았습니다.

날마다 거나하게 취한 정원사는 시시때때로 소리를 질러댔습니다.

"주인님의 영광을 위하여! 건배!"

이렇게 소리를 치고 나면
그의 마음에 조금은 남아 있던
**불편한 감정이 다
사라지는 것** 같았습니다.

8

"네가 말하기를 나는 부자라 부요하여 부족한 것이 없다 하나 네 곤고한 것과 가련한 것과 가난한 것과 눈 먼 것과 벌거벗은 것을 알지 못하는도다"(계 3:17).

그러던 어느 날이었습니다. 변함없이 흥겹게 노래를 부르고 있던 정원사에게 한 사람이 다가왔습니다. 파티에 가끔 참석하지만 다른 이들과는 조금 다른 느낌을 풍기는 점잖은 부인이었습니다.

"저는 정부에서 작은 직책을 맡고 있는 사람입니다. 저 역시 당신의 주인님께 속한 일꾼이랍니다."

부인은 잠시 차분한 눈빛으로 정원사를 쳐다보

고는 말을 이었습니다.

"저는 제가 맡은 일 때문에 싫어도 가끔은 이들을 만나야 하는 입장에 있지요. 저는 이들에 대해 잘 압니다. 그들은 주인이나 당신, 혹은 이 정원에 눈곱만큼도 관심이 없습니다. 오직 더 많은 것을 갖고, 더 높이 올라가고, 더 많이 즐기기 위해 살아가는 사람들이지요.

저들이 진정 관심 있는 것은 오직 자기 자신뿐입니다.

이들의 겉모습에 절대로 속지 마세요. 결국 이들은 주인님의 정원을 송두리채 망가뜨려 버리고 말 겁니다. 그러곤 또 다른 정원으로 훌쩍 떠나 버리면 그만일 테지요. 어리석게도 그들을 반기는 정원은 많으니까요."

그 순간 정원사는 부아가 났습니다.

"이보십시오, 부인. 주인님을 잘 아십니까? 얼마

나 아시는지 몰라도 저도 알 만큼 압니다. 제가 아무 생각 없이 이러는 줄 아십니까? 다 이게 주인님의 정원을 위해서…"

부인은 단호한 눈빛으로 정원사를 바라보며 말했습니다.

"그렇습니까? 주인님을 위해서요?"

정원사는 소리쳤습니다.
"그럼요! 다 주인님을 위해서! 그러니까…"
부인은 대답할 말을 찾고 있는 정원사를 한동안 응시하더니 고개를 저으며 돌아서서 자리를 떠났습니다.

정원사는 파티장으로 돌아왔지만 왠지 씁쓸한 뒷맛에 더 이상 파티를 즐길 수 없었습니다. 부인의 마지막 표정이 머리에서 떠나지 않았습니다. 부인에게 소리를 치느라 그랬는지, 신경을 써서 그랬는지, 술이 깨서 그랬는지 머리가 지끈거렸습니다.

파티의 분위기를 깨지 않으려 안간힘을 썼지만 그럴수록 정원사의 마음은 혼란스러워졌습니다. 결국 그는 사람들에게 외쳤습니다.

"여러분! 오늘 파티는 여기까지입니다! 그리고… 당분간 파티는 열지 않겠습니다. 감사합니다. 안녕히 가십시오!"

정원사의 갑작스런 말에 그들은 당황한 듯 보였고, 몇몇은 짜증스러운 듯 얼굴이 일그러졌습니다.

그러나 이내 특유의 점잖은 표정을 지으며 낯빛을 숨겼지요. 그때 장관이 나섰습니다.

"핫핫핫! 여러분, 오늘은 우리 정원사님이 많이 피곤하신 모양입니다. 오늘은 이쯤 해서 접고 내일부터 당분간 저희 집 정원으로 오시지요. 조만간 다시 모일 만한 정원을 물색하도록 하겠습니다. 걱정 마십시오. 파티는 계속될 것입니다!"

사람들은 안심한 표정으로 우르르 몰려 나갔습니다.

정원사는 계속 머리가 지끈거리는 데다 갑자기 피로까지 몰려와 견딜 수 없었습니다. 그는 빠른 걸음으로 집으로 향했습니다. 집에 도착한 그는 뭔가를 생각할 겨를도 없이 깊은 잠에 빠져들었습니다.

늦은 아침이 되어서야 잠에서 깬 정원사는 아침 식사도 하는 둥 마는 둥 하고는 정원으로 나갔습니다. 그리고 실로 오랜만에 맨 정신으로 정원을 둘러보았습니다.

그의 눈에 들어온 정원은 이미 엉망이 되어 있었

습니다. 가꿔 주지 않은 식물들이 제멋대로 줄기를 뻗고 있었고, 사이사이 잡초들도 무성하게 올라와 있었습니다. 화단의 꽃들은 전부 시들어 버렸고 동물들이 지나갔는지, 사람들이 밟고 갔는지 모를 흔적들로 어지러웠습니다. 심지어 곳곳이 심하게 패

여 맨땅을 드러내고 있었습니다.

주인이 주고 간 꽃을 심어 놓은 꽃밭에 이르렀을 때, 정원사는 경악하고 말았습니다. 꽃들이 한 포기도 남김 없이 말라 썩어 있었기 때문입니다.

'아아, 이를 어쩐담. 내가 바보였어. 파티에 빠져서 정원이 이렇게 되어 가는 것도 모르고 있었다니! 이제 난 주인님에게 뭐라고 하면 좋단 말인가!'

그때 번뜩 정원사의 머리에 떠오르는 생각이 있었습니다.

'맞아, 창고다. 창고에 아직 주인님이 주신 씨앗이 조금 남아 있을 거야!'

정원사는 쏜살같이 창고로 뛰어갔습니다. 그러나 창고로 달려간 그는 망연자실할 수밖에 없었습니다. 온통 어지럽혀 있는 창고 안에서 겨우 찾아낸 씨앗들은 이미 모두 썩어 버리고 말았기 때문입니다.

정원사는 분노가 치밀어 올랐습니다.

'도대체 정원이 이 지경이 되도록 일꾼들은 무엇

을 하고 있었단 말인가!'

그는 고래고래 소리를 질렀습니다.

"모두들 이리 좀 와보게! 여기 좀 와보라고! 어디 있나, 모두들!"

아무런 대답이 없었습니다. 그제야 그는 자신이 정원을 둘러보는 동안 단 한 명의 일꾼도 보지 못했다는 사실이 떠올랐습니다.

'어떻게 된 거지? 일꾼들이 다 어디로 가버렸단 말인가?'

그랬습니다. 일꾼들은 아무도 남아 있지 않았습니다. 그가 멋진 옷을 입고 파티에 빠져 지내며 거만한 표정으로 지시하기 시작한 그 순간부터였습니다. 실망한 일꾼들이 하나 둘씩 떠나기 시작했고 얼마 가지 않아 아무도 남지 않게 되었던 것입니다.

낙심한 정원사는 집으로 들어가 며칠 동안 집 밖으로 나오지 않았습니다. 많은 생각들이 그의 머리를 어지럽혔습니다. 정원은 엉망이 되었고 주인이

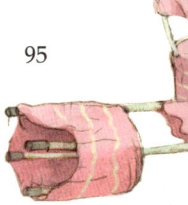

준 꽃들은 이제는 다시 피울 수 없게 되었습니다. 사치스런 파티를 여는 동안, 가진 돈도 모두 탕진하여 새로운 재료를 사온다든지 일꾼을 불러오는 일은 생각도 못하게 되었습니다.

'이제 어떡하나. 주인님을 볼 면목이 없구나. 주인님이 오시면 이제 뭐라고 한단 말인가!'

그의 눈에서 눈물이 주르륵 흘렀습니다.
그는 갑자기 벌떡 일어나 허겁지겁 옷가지들을 챙기기 시작했습니다.
'떠나자. 그래, 떠나는 거야. 내가 더 이상 여기 있을 이유도 면목도 없어.'
정원사는 가방에 옷가지를 구겨 넣고는 무작정 집을 나섰습니다. 정원을 가로질러 정신없이 달려가던 정원사는 그만 돌부리에 걸려 넘어지고 말았습니다.

우당탕탕!

가방이 요란한 소리를 내며 저만치 나가 뒹굴었습니다.

"아야."

정원사는 너무 아픈 나머지 오만상을 쓰며 신음을 내뱉었습니다. 잔뜩 신경질을 내며 막 일어서려던 찰나, 무언가가 그의 눈에 띄었습니다.

바로 들꽃이었습니다. 전에 돌로 작은 울타리를 쳐주었던 그 들꽃 말입니다. 꽃밭은 다 망가져 버렸는데 용케도 작은 들꽃이 거기 그대로 남아 있었습니다.

순간, 정원사는 눈물이 핑 돌았습니다.

'네가 나보다 낫구나. 난 큰 선물을 받고도 엉망으로 망친 것도 모자라 이렇게 도망까지 치고 있는데… 작은 너는 꿋꿋이 네 자리를 지키고 있구나.'

정원사는 잠시 꼼짝 않고 들꽃을 바라보았습니다. 잠시 후 그는 뭔가 결심한 듯 자리를 털고 일어났습니다. 옷에 묻은 흙을 툭툭 털어 내고 천천히 걸어가 가방을 집어 들고는 걸음을 돌려 다시 집으로 향했습니다.

9
"이것들을 증언하신 이가 이르시되 내가 진실로 속히 오리라 하시거늘 아멘 주 예수여 오시옵소서"(계 22:20).

그때부터 정원사는 여기저기 피어 있는 들꽃들을 모으기 시작했습니다. 그리고 그 꽃들을 가꾸는 일에 묵묵히 온 힘을 쏟았습니다. 시간이 흐르자 망가진 꽃밭들이 들꽃들로 하나 둘씩 채워지기 시작했습니다.

그는 조급하게 생각하지 않았습니다. 때가 되면 바람이 새로운 들꽃 씨를 이곳저곳에 실어다 주었습니다. 그는 새로운 들꽃을 찾아 그 꽃에 이름을 붙여

주는 일이 행복했습니다. 들꽃 하나하나를 정성스레 가꿔 꽃밭을 이룰 때까지 온 힘을 다했습니다.

세월이 흘렀습니다. 이제 정원사의 정원은 온통 들꽃과 들풀로 채워지게 되었습니다. 정원은 다시

회복되었지만 예전처럼 수많은 사람들이 찾아와 북적거리는 일은 없었습니다.

처음 이곳을 방문한 사람들은 이곳이 정원이라는 사실조차 알지 못했지요. 단지 몇몇 사람들만이 들꽃과 들풀이 이처럼 단정하게 구석구석 정돈되어 있다는 사실에 고개를 갸웃거렸을 뿐입니다. 이름 모를 들꽃과 들풀로 가득 채워진 이곳이 설마 정원일 것이라고는 쉽게 생각할 수 없었을 것입니다.

덕분에 사람들은 그저 일상처럼 평안하게 이곳 정원을 누렸습니다. 산책을 하거나 누워서 쉬기도 하고, 가족들과 소풍을 나와 즐기기도 했습니다. 정원의 구석구석에는 도란도란 이야기 소리와 웃음소리, 아이들이 뛰노는 소리가 끊이지 않았습니다.
그렇다고 언제까지나 사람들이 이곳의 정체를 전혀 모르고 있었던 것은 아닙니다. 자주 정원을 드나드는 사람들은 차츰 이곳이 가꾼 정원이라는 사실을 자연스레 알게 되었으니까요.

언제부터인가 그들은 정원사에게 말을 걸어오기 시작했습니다.

그들은 지극히 평범한, 그래서 너무도 독특한 이 정원에 대해 알고 싶어 했습니다.

정원사에 대해서도 궁금해했습니다.

그러면 정원사는 그들에게 이야기를 해주었습니다. 그가 주인을 만나게 된 일과 그 주인과의 약속… 오늘의 정원이 있게 된 모든 과정을 이야기해 주었습니다.

"그래서 정원사님은 오늘도 그 주인을 기다리고 있는 건가요?"

정원사는 환하게 웃으며 대답했습니다.

"네, 네, 정말로요. 그렇고 말고요."

사람들은 진지하게 그의 이야기를 들었습니다. 그 중에 몇몇은 주인과 정원에 대해 더 깊이 알기를 청했습니다.

이제 사람들에게 주인과 정원에 대해 이야기해 주는 일은 정원사의 일과가 되었습니다. 정원에서는 그의 이야기를 듣고 있는 한 무리의 사람들을 거의 매일 볼 수 있었지요.

그렇게 시간이 흐르면서 사람들은 이 정원을 이렇게 부르기 시작했습니다.

"주인의 정원."

누구의 입에서 먼저 나왔는지는 알 수 없지만 정원사와 정원을 아는 사람이라면 고개를 끄덕일 수밖에 없었지요. 그의 입에서 나오는 이야기는 온통 주인에 관한 이야기뿐이었으니까요.

10

"모든 눈물을 그 눈에서 닦아 주시니 다시 사망이 없고 애통하는 것이나 곡하는 것이나 아픈 것이 다시 있지 아니하리니 처음 것들이 다 지나갔음이러라"(계 21:4).

더 오랜 세월이 흘렀습니다. 정원은 사람의 손이 닿지 않은 양 더 소박해지고 자연스러워졌습니다. 정원사의 집도 온통 넝쿨로 뒤덮여 자세히 보지 않으면 집이 있는지도 잘 모를 정도가 되었습니다. 정원은 바람마저 편히 쉬어 가는 곳, 새들과 풀벌레들의 보금자리가 되었습니다. 사람들은 이곳에만 오면 이유를 알 수 없는 깊은 평안함을 느꼈습니다.

정원사의 모습은 어쩐지 정원하고 닮아 있었습니다.

얼굴에는 주름이 가득하고 머리에는 하얀 눈이 내렸지만 그의 얼굴은 참으로 평온했습니다. 마디마디가 굵고 거친 손은 그가 흙과 함께 살아온 사람이라는 걸 분명히 말해 주고 있었습니다.

그는 여전히 정원을 성실히 돌보았지만 예전만큼 많은 일을 할 수는 없었지요. 그의 몸은 이미 너무 쇠약해져 있었기 때문입니다.

오후 일을 마무리하고 나면 그는 늘 언덕 나무 아래 있는 의자에 기대어 앉아 쉬곤 했습니다. 그는 해질녘까지 가만히 앉아 정원의 이곳저곳을 응시했습니다. 그러곤 무엇을 보았는지 이따금 입가에 미소를 머금었지요.

그날도 정원사는 의자에 지친 몸을 기대고 앉았습니다. 향긋한 바람이 코끝을 간지럽혔고 따스한 햇살이 그를 보듬어 주었습니다. 그는 자신도 모르게 깜박 잠이 들었습니다.

얼마의 시간이 흘렀을까요? 언뜻 정신이 든 정

원사의 눈앞에 한 사람이 햇살을 등지고 서 있었습니다. 정원사는 햇살에 눈이 부셔서 그의 얼굴을 잘 볼 수 없었습니다.

"친구여, 평안한가?"

그 사람의 환한 미소가 눈에 들어왔습니다. 주인이었습니다. 주인은 예전 그 모습 그대로 거기 서 있었습니다. 정원사는 주인의 손을 꼭 잡았습니다.

"주인님… 오래, 너무도 오래 기다렸습니다."

정원사의 눈에 눈물이 흘렀습니다. 머리 속으로 그동안의 일들이 필름처럼 지나갔습니다. 그는 가슴이 북받쳐 올라 입을 떼기가 힘들었지만 간신히 입을 열어 말했습니다.

"주인님, 죄송합니다. 제가 주인님의 정원을…"

정원사가 미처 말을 다하기 전에 주인이 그의 손을 꼭 쥐며 말했습니다.

"그동안 고생이 많았네. 내가 자네의 수고를 아네."

주인이 고개를 숙인 채 눈물을 흘리고 있는 정원

사의 어깨에 손을 얹었습니다. 정원사는 더 말할 필요가 없다는 것을 알았습니다. 그렇습니다. 주인은 모든 것을 알고 있었습니다. 정원사의 마음이 따뜻해졌습니다.

순간, 정원사의 눈앞에서 정원이 사라졌습니다. 그리고 그는 주인과 단 둘이 거대한 문 앞에 서 있었습니다. 주인이 천천히 문을 향해 손을 내밀자 문이 서서히 열렸습니다. 이루 말할 수 없이 환하고 따스한 빛이 밀려 나왔습니다.

빛이 걷힌 정원사의 눈앞에는 끝없는 정원이 펼쳐져 있었습니다. 아름답다는 말로는 부족한, 눈부시게 찬란한 정원이었습니다. 그가 오래 전에 잃어버렸던 형형색색의 꽃들이 보였습니다. 평생을 가꿔 온 들꽃들도 자기만의 은은한 빛을 내고 있었습니다. 한 번도 보지 못한 꽃들과 온갖 풀과 수목들이 들판과 시내와 산과 계곡을 따라 한데 어우러져 있었습니다.

 주인은 넋을 잃고 서 있는 그의 어깨에 손을 얹으며 말했습니다.
 "자, 이제 자네와 함께 할 새 정원을 안내해 줌세. 친구들이 기다리고 있으니 어서 가세."

주인은 정원사를 바라보며 웃었습니다. 정원사도 주인을 바라보며 따라 웃음 지었습니다.

미주

1) "창세로부터 그의 보이지 아니하는 것들 곧 그의 영원하신 능력과 신성이 그가 만드신 만물에 분명히 보여 알려졌나니 그러므로 그들이 핑계하지 못할지니라"(롬 1:20).

2) "그때에 여호와께서 폭풍우 가운데에서 욥에게 말씀하여 이르시되 무지한 말로 생각을 어둡게 하는 자가 누구냐 너는 대장부처럼 허리를 묶고 내가 네게 묻는 것을 대답할지니라 내가 땅의 기초를 놓을 때에 네가 어디 있었느냐 네가 깨달아 알았거든 말할지니라 누가 그것의 도량법을 정하였는지, 누가 그 줄을 그것의 위에 띄웠는지 네가 아느냐 그것의 주추는 무엇 위에 세웠으며 그 모퉁잇돌을 누가 놓았느냐 그때에 새벽 별들이 기뻐 노래하며 하나님의 아들들이 다 기뻐 소리를 질렀느니라 바다가 그 모태에서 터져 나올 때에 문으로 그것을 가둔 자가 누구냐 그때에 내가 구름으로 그 옷을 만들고 흑암으로 그 강보를 만들고 한계를 정하여 문빗장을 지르고 이르기를 네가 여기까지 오고 더 넘어가지 못하리니 네 높은 파도가 여기서 그칠지니라 하였노라 네가 너의 날에 아침에게 명령하였느냐 새벽에게 그 자리를 일러 주었느냐"(욥 38:1-12).

3) "죄의 삯은 사망이요 하나님의 은사는 그리스도 예수 우리 주 안에 있는 영생이니라"(롬 6:23).

4) "그가 찔림은 우리의 허물 때문이요 그가 상함은 우리의 죄악 때문이라 그가 징계를 받으므로 우리는 평화를 누리고 그가 채찍에 맞으므로 우리는 나음을 받았도다"(사 53:5).

5) "하나님이 세상을 이처럼 사랑하사 독생자를 주셨으니 이는 그를 믿는 자마다 멸망하지 않고 영생을 얻게 하려 하심이라"(요 3:16).

6) "그러나 너는 모든 일에 신중하여 고난을 받으며 전도자의 일을 하며 네 직무를 다하라"(딤후 4:5).

7) "우리가 시작할 때에 확신한 것을 끝까지 견고히 잡고 있으면 그리스도와 함께 참여한 자가 되리라"(히 3:14).

8) "그런즉 심는 이나 물 주는 이는 아무 것도 아니로되 오직 자라게 하시는 이는 하나님뿐이니라"(고전 3:7).